J'aime le sport de petit niveau

Dans la même collection

Edgar Morin, *Le sport porte en lui le tout de la société*

Boris Cyrulnik

J'aime le sport de petit niveau

cherche midi

INSEP

Collection « Homo ludens » conçue et dirigée par Benjamin Pichery.

Entretiens conduits par François L'Yvonnet.

Vous pouvez consulter notre catalogue général
et l'annonce de nos prochaines parutions sur notre site :
www.cherche-midi.com

92, avenue de France
75013 Paris

Composition : Peter Vogelpoel
Dépôt légal : mars 2020
ISBN : 978-2-7491-6512-7

HOMO LUDENS
LE CORPS EN JEU

Phénomène social majeur du XXe siècle, le sport, longtemps délaissé par les milieux intellectuels, retient aujourd'hui toute leur attention en tant qu'il nous éclaire sur notre société et sur les enjeux d'un corps humain toujours plus performant.

Ces entretiens, réalisés à l'INSEP (Institut national du sport, de l'expertise et de la performance), interrogent le sportif, cet *Homo ludens* contemporain, en convoquant la sociologie, la philosophie, l'histoire, la politique, l'anthropologie, l'économie, les sciences et techniques.

La collection « Homo ludens » est un espace de pensée et de libre parole qui nous invite à la réflexion, à l'esprit critique, au décloisonnement des disciplines et à la compréhension des multiples déterminismes qui fondent la pratique sportive.

Pourquoi le sport ?

Monsieur Sapiens pratiquait-il un sport ?

Éprouvait-il du plaisir à « jouer » à la course avec un autre ?

A-t-il inventé une épreuve de saut en hauteur où le vainqueur aurait été fier de sauter plus haut que les autres ?...

J'imagine mal le sport de monsieur Sapiens avec des règles, des contraintes arbitraires et des enjeux inutiles.

Monsieur Sapiens adaptait ses efforts à la résolution de problèmes concrets : courir vite pour fuir un tigre à dents de sabre, lancer un caillou sur un agresseur, viser un gibier avec un javelot. Ce qui ne l'empêchait pas de sauter de joie parfois, ou de bousculer gaiement un congénère. Ses actes exprimaient des émotions, exerçaient son corps à réaliser des performances physiques, mais ne s'effectuaient pas dans un cadre rituel qui aurait permis de comparer des résultats. Pour ça, il faut des règles.

C'est ainsi que jouent les animaux quand ils éprouvent le besoin d'exprimer leur joie de vivre ou leur agressivité. Les chatons se bagarrent, les taurillons se donnent des coups de tête, et les macaques mâles s'empilent les uns sur les autres dans une joyeuse mêlée. Pour parler de sport, il aurait fallu que ces jeux de course ou de bagarre amicale s'effectuent selon un règlement. Or, pour passer une convention arbitraire, il faut un langage parlé, un accord pour mettre à l'épreuve les coureurs d'un 100 mètres, les lanceurs de poids ou de javelot.

Dès leurs premiers mois, nos enfants expriment leur joie d'être au monde par des gambades et des babils. Ils jouent avec leurs mains, leurs pieds, et saisissent quelques objets pour les jeter aussitôt. À ce stade du développement, pas besoin de règlement. Il suffit d'être soi avec son corps, et de s'entraîner à s'exprimer.

D'ailleurs, quand un animal ou un bébé ne jouent plus, c'est un grave signe de malaise. Tant qu'ils courent, sautent et lancent, ces jeunes organismes expriment leur bien-être, stimulent leur cerveau et entraînent leurs muscles.

Dès que les jeunes deviennent capables de fiction, ce plaisir change de source. Désormais, c'est la représentation de soi par rapport aux autres qui devient l'origine du plaisir – plaisir qui s'ajoute à celui du corps, comme si l'enfant pensait : « Ce qui me fait plaisir, c'est de courir plus vite que l'autre. »

Il faut alors une méthode pour courir l'un *contre* l'autre; il faut un règlement pour se mettre en concurrence et se donner les moyens d'évaluer les résultats.

C'est ainsi que balbutie le sport, en créant un cadre de conventions où se déroule l'aventure de courir en compétition, le plaisir d'avoir galopé plus vite.

À l'aube de l'humanité, il suffisait de cueillir pour vivre. Nous marchions côte à côte en ramassant des feuilles, en faisant tomber des fruits et en attrapant des insectes. Mais quand la glaciation nous a contraints à l'exil, quand la surpopulation nous a poussés à structurer un mode de socialisation, c'est notre aptitude à l'artifice qui nous a permis de survivre. L'artifice de l'outil et l'artifice du verbe ont structuré nos manières de vivre ensemble.

La chasse et l'agriculture sont devenues des organisateurs sociaux. Il a fallu inventer des outils pour labourer le sol, construire des abris et fabriquer des armes. Pour se coordonner et transmettre ce nouveau savoir, il a fallu perfectionner les mots, bien plus efficaces que les signaux de fumée, les codes tambourinés et les gestes de la main.

L'agriculture nous permettait de lutter contre la mort par inanition, et la chasse organisait les équipes qui donnaient la mort à ceux que l'on allait manger. Le plaisir du corps ne consistait plus seulement à gambader : il fallait aussi s'unir et se coordonner pour triompher, lutter contre notre mort en donnant la mort aux animaux et aux ennemis.

La hiérarchie s'ordonnait selon la qualité de l'individu à manier une arme, fabriquer un lanceur de projectiles, aiguiser un silex et affronter un gibier. Les corps se spécialisaient selon ces objectifs, en coureurs rapides, dévoreurs d'espace, lanceurs précis, guetteurs attentifs ou fabricants de pièges pour faire tomber le gibier. Chacun se spécialisait selon son aptitude à prendre place dans une équipe.

On faisait du social avec son corps. Les hommes donnaient la mort pour protéger le groupe, les femmes donnaient la vie pour que l'espèce demeure. À ce stade de civilisation, les catégories étaient claires.

Les athlètes grecs ont incarné cette conception de la société, avec des corps d'hommes et de femmes dont la beauté, sculptée par de longs efforts physiques, témoignait de l'intelligence. Est-ce la raison pour laquelle la Grèce a inventé les jeux Olympiques ? La beauté des corps composait un discours social où les hommes grecs triomphaient des autres, moins forts, moins rapides, moins intelligents. Les corps quittaient la nature pour entrer dans la compétition sociale.

Le jeu est apparu dès que les êtres vivants ont pu échapper aux contraintes de l'immédiat. Quand la survie est assurée dans le réel, on peut jouer à la survie sur le théâtre des représentations. Les jeunes animaux jouent à la bagarre quand ils n'ont pas besoin de se battre réellement. Les enfants jouent à la guerre entre deux bombardements. C'est ainsi qu'ils s'entraînent pour faire face à l'horreur. Les jeux de guerre les exercent à affronter la guerre qui se prépare, mais, quand elle est là, les enfants ne jouent plus : ils souffrent.

Quand l'âge de bronze est apparu en Orient, puis en Europe, il y a trois mille ans, la fabrication des armes a induit une nouvelle hiérarchie sociale, au sommet de laquelle on trouvait les guerriers admirés et craints. La possession d'une arme et son maniement ont créé une nouvelle classe sociale, qui combattait dans le réel pour s'emparer d'une terre et imposer sa loi, mais qui, en temps de paix, inventait des tournois spectaculaires en mettant en scène la guerre. Le théâtre de la mort, de la violence et de la beauté s'emparait de l'âme des spectateurs. Les oriflammes, les trompettes, les chevaux caparaçonnés, les courses et les chants jouaient la mise à mort.

Toute culture est toujours nouvelle, puisqu'elle ne cesse d'évoluer pour ne pas mourir. Aucun sport ne peut échapper aux découvertes techniques et aux valeurs culturelles du contexte.

C'est dans l'Angleterre industrielle que le sport est devenu une activité sociale instituée. Les équipes se sont faites d'abord chez les nantis, qui avaient le temps de jouer, tandis que les prolétaires demeuraient enchaînés aux machines. Les possédants, libérés des chaînes, ont trouvé des lieux où ils ont mis en scène des tournois, des combats et des compétitions. Ils ont édicté des règlements et sont convenus de vêtements de couleurs différentes pour désigner les alliés et les ennemis.

Le vocabulaire du sport est celui des guerres : on perce une défense, on tire des boulets, on expulse, on écrase, on remporte une victoire, on est humilié par une défaite. Ce système théâtral produit des héros qui remportent la victoire ou sauvent l'honneur. On organise des compétitions de légende où l'on aime et admire le héros malheureux du Tour de France, ou le vainqueur ensanglanté d'un match de rugby ou d'un combat de boxe. On brandit des drapeaux, on chante *la Marseillaise* ou l'hymne de son pays. Le sentiment d'appartenance est exaltant quand le peuple est représenté par des champions sélectionnés et entraînés pour défendre l'honneur d'une équipe, d'une ville ou d'une nation.

À partir du XXe siècle, les organisations qui créent ces événements sportifs extraordinaires se structurent comme une entreprise. Le dimanche n'est plus un jour de messe depuis que l'Église a dû abandonner les institutions éducatives et soignantes, et les mettre entre les mains d'établissements laïcs. C'est devenu un jour de liesse sportive, où l'on se réunit joyeusement dans ces nouveaux temples où les dieux sacrés et intouchables sont remplacés par des demi-dieux, vedettes sportives adorées quand elles nous rendent fiers de notre ville ou de notre nation, et sacrifiées en cas de défaite honteuse.

Les stades et les écrans deviennent de nouveaux lieux de rencontre, de fêtes ou d'indignation, qui solidarisent la foule. La technologie organise ces performances médiatiques qui créent des moments d'émotions intenses, des événements dans une culture où les nouveaux métiers « routinisent » les travailleurs.

Au XXIe siècle, ce ne sont plus les collèges anglais, les bandes de copains, les villages ou les villes qui organisent ces joyeux jeux de guerre en temps de paix : ce sont des entreprises multinationales. Elles achètent quelques sportifs mercenaires aux qualités physiques extraordinaires, les entraînent, en font des vedettes, puis les revendent à des club-entreprises d'autres villes ou d'autres continents. Les joueurs ne sont plus les champions d'un village, ils sont les salariés surpayés d'un conseil d'administration transnational qui impose sa loi aux chaînes de télévision, aux municipalités, et parfois même aux gouvernements. Les villageois, les citadins sont devenus les consommateurs d'une grande surface appelée « stade ».

Puisque le plus grand nombre de clients habitent l'Asie ou l'Afrique, on peut prédire la construction de nouveaux lieux de rencontre, de nouvelles heures de transmission, et de nouvelles valeurs sportives plus asiatiques et africaines. Quelques grands clubs-entreprises entrent en Bourse – ce qui change forcément la signification de la rencontre sportive. La victoire ne rend plus un village heureux : elle gonfle le portefeuille de quelques actionnaires. On a quitté la dimension relationnelle pour entrer dans le monde de la réussite financière. Le prix humain n'a plus grande importance.

Dès que la technologie a structuré notre culture, le sport a été utilisé comme un argument idéologique. Le nazisme en est une illustration tragique, autant que le communisme ou le libéralisme. Le sportif de l'Allemagne des années 1930 avait pour enjeu de démontrer sa qualité « raciale »; le Soviétique devait gagner pour prouver que la société communiste savait produire des sportifs de haut niveau; et le libéral achète une star pour la mettre dans son équipe universitaire, afin d'augmenter le nombre des inscriptions payantes.

Ainsi conçu, le sportif devient un outil idéologique.

Le derby qui se met en place aujourd'hui n'est plus le match des riches contre les pauvres, c'est le conflit des élites contre les sous-hommes. La hiérarchie sociale se fait moins par le sang bleu des aristocrates, par la ferme ou le magasin; elle se fait de plus en plus par le diplôme et par la performance sportive.

C'est ainsi que l'école participe à la fabrique des inégalités sociales. Le haut-diplômé induit l'acrimonie des sans-diplômes sans métier, alors que l'argent du sport provoque le rêve des pauvres et des peu musclés.

Personne ne se sent humilié par la performance inouïe de Usain Bolt, qui restera longtemps l'homme le plus rapide du monde. Les Gilets jaunes se disent méprisés et ignorés par les dirigeants diplômés des grandes écoles.

Dans la nouvelle hiérarchie de nos valeurs morales, les femmes sportives demandent à être reconnues, admirées et payées comme les hommes. Leurs performances s'améliorent, mais les gradins se remplissent plus lentement. Quand un événement sportif s'évalue à la publicité possible, les matchs féminins ont moins de valeur. Faudra-t-il envisager des jeux Olympiques, des matchs de foot et des combats de boxe mixtes pour améliorer la participation financière des vendeurs de produits ?

L'homme-machine, l'homme soigné, l'homme augmenté et l'homme prothésé deviennent une nouvelle norme sociale. Puisque des médailles d'or sont attribuées à des perchistes, à des skieurs, à des conducteurs de bolides, pourquoi empêcherait-on un homme amputé de ses jambes de courir avec des prothèses en lame d'acier qui améliorent ses performances ?

Le clivage de nos sociétés, entre éduqués et non-éduqués, se repère aussi quand le sport « de bas niveau » effectué pour le bien-être et le plaisir est totalement dissocié du sport de haut niveau, où la réussite s'obtient par la souffrance et l'isolement affectif.

L'*Homo demens* du XXIe siècle semble bien loin et bien différent de l'*Homo sapiens* notre ancêtre.

Préambule

Quels sont vos rapports personnels avec le sport ?

Mon rapport personnel au sport est un rapport d'amour et d'affection. La plupart des petits garçons – pas tous – rêvent de devenir champions. Donc moi aussi, je rêvais forcément de devenir champion. Mais je ne savais pas de quoi.

Je souhaitais avant tout déclarer mon affection à quelqu'un qui s'est occupé de moi après la guerre, et qui jouait au rugby. Et si j'ai voulu jouer au rugby, c'était uniquement pour créer des occasions de parler avec lui… de rugby.

C'est à cette époque que j'ai raté un concours, et je n'ai pas pu faire les choix que je voulais dans mon parcours médical. Donc j'ai été nommé à Digne, où l'on voulait monter une équipe de rugby avec mes camarades. Nous nous demandions comment faire. Alors nous avons tout simplement organisé un match, un tournoi de rugby, à sept, avec les femmes, les pique-niques, les bébés autour du terrain.

Nous avons très, très mal joué. Mais nous avons tissé des liens d'amitié, et c'est comme ça qu'est née notre équipe de rugby.

Le sport n'est pas pour vous seulement une activité « abstraite »; vous l'avez, si l'on peut dire, vécue de l'intérieur.

C'est tout de même abstrait. Le rugby, c'est une heure et demie de match, trois heures de restaurant, et une semaine de vantardise. Il y a le temps du jeu, du corps; ensuite la partie festive, rituelle; et puis l'épopée – sans doute la partie la plus importante.

L'animal et le jeu

Vous êtes non seulement neuropsychiatre mais également spécialiste d'éthologie. Peut-on définir l'homme comme étant un animal sportif? Et donc voir dans le sport une sorte de différence spécifique? Les animaux ne semblent pas sportifs...

Non, je pense que les animaux, d'une certaine manière, sont aussi des « sportifs », notamment les mammifères, qui jouent beaucoup. Les oiseaux également commencent à faire des épreuves « inutiles », non fonctionnelles. Pourquoi laisseraient-ils tomber une feuille, plongeraient-ils dessous pour la rattraper? Il n'y a là aucun bénéfice adaptatif. Peut-être s'agit-il tout simplement d'un jeu... Bien sûr, le mot « jeu » est déjà difficile à définir entre êtres humains ; alors, pour un animal, c'est encore plus délicat. Mais ce comportement n'est déjà plus adapté à une simple réponse immédiate : il est adapté à quelque chose qui n'est pas là.

Il y a de véritables rituels chez les animaux. Sinon, ils ne pourraient pas coexister ni avoir de rapports d'attraction ou de violence. Un animal ne se présente pas n'importe comment, il ne courtise pas n'importe comment, il ne partage pas la nourriture n'importe comment. Il respecte des codes comportementaux, non verbaux, mais qui signifient quelque chose, pour se courtiser jusqu'à danser, s'entraîner, s'entraider.

Les chatons sont des médailles d'or du jeu. Ils jouent énormément. La plupart des animaux jouent, et, quand un animal ne joue plus, c'est que sa croissance est terminée. Donc il y a bien un effet d'entraînement, de jeu, qui ne correspond pas à une réponse immédiate du contexte, et qui permet d'apprendre à se développer et à coexister, à s'articuler avec les autres.

Donc on peut penser que c'est une fonction proto-sportive.

*Le jeu de l'*Homo ludens *est néanmoins incomparable...*

Bien sûr, ce n'est pas la même chose, mais j'ai vu des mêlées de macaques qui me rappellent fortement certains France-Angleterre de rugby. Il est à noter – et c'est un mystère – que ces mêlées de macaques ne sont constituées que de mâles. Il y a là de quoi mettre en difficulté les théories du genre... (Il faudrait interroger Judith Butler.)

Pourquoi seuls les mâles jouent-ils à ce proto-rugby ? On voit des empilements de dix à quinze individus mâles qui explosent tout d'un coup, sans s'être fait mal, jusqu'à ce qu'il y en ait un qui proteste.

« Jeux de mains, jeux de vilains. »

Mais peut-on parler en toute rigueur de règles ? Le sport commence quand il y a des règles collectives instituées, avec, éventuellement, d'un côté des joueurs, et de l'autre des spectateurs. Il y a une fonction sociale du jeu.

J'emploierai le mot « rituel » pour éviter le mot « règle ». Il y a des rituels d'interactions, qui ne sont pas très historisés, mais qui permettent néanmoins l'interaction.

Y a-t-il des spectateurs ? Oui, je pense aux petits mammifères qui jouent toujours à proximité des parents, et, quand ceux-ci sont trop loin d'eux, ils cessent de jouer. Tout cela est encore proche du biologique, proche de l'émotion, et ce ne sont pas des règles au sens du « contrat » ou de la « rencontre », comme dans le sport, mais c'est déjà bien au-dessus du seul besoin biologique. Si ce n'est pas encore le sport humain comme nous l'entendons, ce n'est déjà plus la réponse adaptative à l'immédiat.

Encore une différence spécifique que nous perdons ! La continuité de l'homme à l'animal est de plus en plus évidente, même sur le plan de l'activité sportive. C'est un rude coup pour notre ego…

Tout en étant le seul animal capable d'échapper à la condition animale, l'homme, malgré l'artifice de l'outil, l'artifice du verbe, reste en partie un animal. Nous avons tous été des mammifères marins pendant neuf mois, avec des branchies qui sont devenues nos oreilles internes. C'est la raison pour laquelle nous avons gardé une couche de graisse en périphérie, comme les animaux marins, comme les phoques, qui ont besoin de résister au froid.

Avec le développement considérable de la technologie et du verbe, notre part animale s'est restreinte, s'est transformée. Nous sommes les seuls êtres vivants capables de modifier l'environnement qui, à son tour, nous modifie.

Nous agissons sur la codification, sur l'expression de nos gènes, uniquement en modifiant l'environnement. Les animaux ne sont pas encore capables de telles performances, bien que quelques grands singes soient déjà alphabétisés, et que certains chiens soient capables de répondre à quatre cent cinquante mots différents.

On trouve chez l'animal des postures signifiantes, avec des gestes, des cris. Si nous ne sommes pas là dans l'arbitraire du signe, qui nous permet de parler, de raconter de belles histoires, ce n'est pas pour autant n'importe quoi. C'est déjà un langage préverbal. Les cris, les postures, les couleurs, les odeurs, les offrandes, tout cela constitue un ensemble de codes comportementaux bien au-dessus de la fonction stimulus-réponse.

Vous avez fait référence à l'adaptation. Dans une perspective darwinienne, quel avantage adaptatif le sport représente-t-il pour l'espèce humaine, en continuité avec le monde animal dont elle procède ?

Si on raisonne du point de vue de l'ontogenèse – c'est-à-dire en matière de développement de notre corps et de notre esprit, développement de soi –, je pense que, au cours des jeux, les animaux apprennent leur futur métier et leur future place sociale.

Les petits mâles apprennent, chez les canards par exemple, à pincer le cou des femelles, et les femelles adorent ça – et les canards aussi. S'ils ne jouent pas, ils ne savent pas pincer le cou des femelles et n'arriveront pas à s'accoupler. Dans une perspective darwinienne, ils n'auront pas d'avantages reproductifs. Leur lignée s'arrêtera.

Le jeu, chez les canards, comme chez les mammifères, participe d'un phénomène adaptatif. Chez les mammifères, ces jeux sont initiatiques et préparent à la sexualité. Lorsqu'on empêche un singe, un chien, de jouer, ou quand un accident de sa vie l'isole, il n'apprend donc pas à jouer, il ne sait pas s'accoupler, ou il confond accouplement et bagarre.

Il n'a pas appris à ritualiser ces interactions qui lui permettront de courtiser une femelle. Et inversement, pour la femelle, de solliciter un mâle. Si toutes ces interactions, mises en place à l'occasion de ces jeux prépubères, n'ont pas eu lieu avant le jour où arrive la puberté, il ne saura pas le faire.

Pendant cette période de jeux, les mâles et les femelles préparent et acquièrent la place qu'ils auront dans leur société (au sens animal du terme). Une société se définit par une hiérarchie, une priorité des décisions, une priorité de la répartition spatiale.

D'un point de vue darwinien, ces proto-jeux animaux ont une fonction sociale, adaptative et évolutive.

Et pour l'homme, cet animal qui sort de la condition animale, quel est l'avantage adaptatif que présente, non pas le jeu, mais le sport ?

J'imagine que, à l'époque des chasseurs-cueilleurs, ou à l'époque des sociétés avec outils – avec peu d'outils –, ce proto-sport devait également avoir une fonction de préparation au couple, à la parentalité, à la chasse, et que les enfants devaient repérer la place qu'ils allaient prendre au sein du groupe.

Chez les chasseurs-cueilleurs, tout le monde n'était pas chasseur ; cela dépendait beaucoup de la technique de chasse. Si la technique de chasse était, comme je l'ai vu, d'attirer dans un piège des animaux énormes, tout le monde participait à la chasse – les hommes, les femmes, les enfants –, puisqu'il fallait guider l'animal sur une petite passerelle, et s'enfuir au plus vite avant qu'il ne tombe dans le trou où les chasseurs avaient disposé des pieux. Le bénéfice adaptatif de ce proto-sport était de savoir ce que chaque membre du groupe était en capacité de faire.

Mais il y a des sociétés où la chasse est beaucoup plus technique.

Chez les Inuits, il faut blesser l'animal et le suivre au sang pendant plusieurs jours, dormir dans la neige, et repartir… La chasse au sang requiert des qualités physiques bien précises. Il vaut mieux être gros et gras, pour pouvoir résister au froid pendant deux, trois ou quatre jours, le temps que l'animal meure. Une sélection s'opère tout naturellement.

Être maigre, dans une société de chasseurs au sang, ne constitue pas un bénéfice adaptatif. En revanche, être maigre dans une société où l'anglais et l'ordinateur font la hiérarchie sociale, peut présenter un bénéfice adaptatif.

À l'époque où nous étions encore des animaux qui apprenaient progressivement à échapper à la condition animale, il y avait encore ce bénéfice adaptatif. Mais aujourd'hui, je pense que le bénéfice est avant tout le plaisir de soi. Un plaisir non négligeable dans une société à tendance narcissique.

C'est aussi un bénéfice social. Certains tentent l'aventure sociale du sport, et l'on sait maintenant que c'est un bénéfice pour nous, êtres humains. Cela peut être également un facteur de résilience : si on a été blessé dans un domaine de la vie, on peut très bien compenser, ou se revaloriser dans un autre domaine de la vie.

Lorsque nous observons certains comportements animaux, nous nous arrêtons souvent à l'élégance d'un geste, à la signification supposée d'une posture, à la profondeur d'un regard… La coupure avec l'humain est parfois peu perceptible.

Je pense qu'il n'y a pas de coupure entre l'homme et l'animal. Il y a une construction progressive. La base de notre cerveau est exactement la même chez tous les mammifères. Nous partageons même ce cerveau ancien avec les oiseaux.

Il y a donc une construction progressive, un échafaudage, qui arrive jusqu'à l'artifice de l'outil. Si certains animaux savent fabriquer des outils, ils ne savent pas encore les commercialiser. Nous marquons surtout notre différence avec l'artifice du verbe, car, si les animaux font des performances bien supérieures à ce que l'on croyait par le passé, ils ne lisent pas encore Proust ou Lacan.

Néanmoins, mon chien adore Lacan ! Chaque fois que je lis Lacan, il couche ses oreilles et remue la queue !

Est-ce un signe de soumission ou un signe d'éveil ?

Non, mon chien est le seul, sans doute, qui parvient à comprendre Lacan !

De l'acte à la parole

Vous êtes à la fois neuropsychiatre et éthologue. En quoi cette double approche peut-elle nous éclairer sur l'objet de notre réflexion, l'activité sportive ?

Ces approches sont à l'origine des théories de l'attachement, actuellement les plus citées en psychologie. C'est-à-dire que l'éthologie animale a été le point de départ d'observations dites « naturelles » – définir la nature de l'homme n'est pas évident.

On s'en sort par une pirouette en disant que la nature de l'homme, c'est là où l'on vit dans notre culture. En observant les comportements naturels, spontanés, les accidents de la vie, chez les animaux et chez les êtres humains, on peut établir une sémiologie, une science des signes, et comprendre ce qui va altérer le développement de l'animal lorsqu'il devient orphelin, par exemple.

Ce mot, orphelin, qui ne fait sens que pour nous, se traduit chez l'animal par une grave altération sur le plan biologique. Son monde sensoriel se vide, et il meurt. Certains, notamment les singes, en réchappent en ayant eu le talent de solliciter l'attachement de l'autre, et si l'autre – femelle souvent, mâle parfois – répond, on voit alors le singe se développer à nouveau. Ces observations constituent donc de véritables expérimentations, que nous ne pourrions faire en laboratoire pour des raisons éthiques évidentes. La vie est finalement bien plus cruelle que le plus cruel des laboratoires.

Cette quasi-expérimentation nous permet, non pas d'extrapoler, bien sûr, mais de poser la même question chez les êtres humains. Deux grands noms de la psychanalyse, Réné Arpad Spitz et Anna Freud, en 1946-1947, se sont servis des hypothèses d'éthologie animale pour observer comment un enfant abandonné et en isolement sensoriel évoluait exactement de la même manière que les animaux dans des circonstances analogues.

Les neurosciences rendent observables et mesurables toutes les altérations biologiques et les malformations du cerveau provoquées par la privation sensorielle. Donc les animaux ont beaucoup de choses à nous enseigner.

Le sport joue donc un rôle important dans le développement cérébral et dans les apprentissages. Vous ajoutez que cette mise en relation de l'activité musculaire avec les disponibilités cérébrales vaut aussi pour les instrumentistes. Pourriez-vous nous préciser ce point ?

C'est plus qu'un apprentissage, c'est une « sculpture » cérébrale. Un enfant qui fait du sport sculpte son cerveau. S'il fait de la course à pied, il va sculpter les zones corticales qui commandent aux neurones et aux muscles de ses jambes. S'il fait du lancer de poids, on va voir qu'une autre partie de l'hémisphère correspondant au bras et à la main va s'hyperdévelopper.

Quand on entraîne son corps, on stimule donc son cerveau, contrairement aux préjugés selon lesquels les gros muscles engendreraient des petits cerveaux. Ensuite, une fois que le cerveau est sculpté, il faut en faire quelque chose de relationnel, mais au moins l'outil est préparé.

Quand on connaît les mécanismes de l'apprentissage psychomoteur, décrit par Piaget, on voit l'importance que cela peut avoir dans une éducation physique bien comprise, bien pensée.

Tout à fait. Piaget disait : « De l'acte à la pensée » – c'est-à-dire qu'il disait qu'on commence à penser avec l'acte.

Et, pour répondre à votre question sur l'éthologie animale, on sait maintenant qu'un enfant commence à penser avec ses mains. Piaget en a fait la démonstration en s'inspirant des méthodes d'éthologie animale. Un enfant qui, à 11, 12, 13 mois, pointe du doigt, parlera. C'est une observation ontogénétique. Il pointe du doigt en direction de l'objet convoité, regarde dans une autre direction de l'espace, et déjà plus en direction de l'objet, tente d'articuler un babil, qui oriente la figure d'attachement sur l'objet convoité que l'enfant est trop petit pour attraper.

Cela veut dire que l'enfant est capable de se décentrer de ce qu'il perçoit, de désigner l'objet convoité, et de tenter d'agir avec un babil sur le monde intime de la figure d'attachement. Un enfant qui à 11 mois fait cela commencera à parler à 20 mois, et à 30 mois il saura parler.

Voilà ici une observation comportementale qui permet de rendre observable qu'un enfant qui ne réalise pas ce scénario à 14 mois est un enfant qui prépare mal la parole. C'est un signe clinique assez grave, que les pédiatres, les psychiatres, les infirmières, les psychologues doivent apprendre pour dépister de plus en plus tôt l'autisme.

Quand je faisais mes études, l'autisme était dépisté à peu près vers 3 ans et demi. Maintenant, on dépiste un autisme vers 12 à 18 mois. Cette expérimentation est l'un des meilleurs signes de dépistage de l'autisme. Il y a même des signes plus précoces.

Par ailleurs, certaines capacités intellectuelles sont développées, peut-être même favorisées par l'activité sportive. Ne faut-il pas remettre en cause le sacro-saint dualisme qui distingue deux « substances », l'âme et le corps ? Le dualisme n'est-il pas métaphysiquement encombrant ?

Pour nous, psychiatres, Descartes nous a joué un vilain tour en séparant l'âme et le corps. En faisant du corps quelque chose de pesable, mesurable, palpable, et de l'âme une substance immatérielle, non déterminée. Et pourtant, selon Descartes, cette substance immatérielle serait amarrée à la bitte de l'épiphyse. Je ne sais pas comment on fait pour amarrer quelque chose qui n'a pas de matière à la bitte de l'épiphyse…

La glande pinéale, chez Descartes.

Moi, je préfère dire « bitte de l'épiphyse », qui est située entre les deux hémisphères cérébraux, et dont la fonction est neuroendocrinienne.

Descartes a rendu service à la médecine expérimentale, mais il n'a pas rendu service aux animaux, parce qu'en développant la médecine expérimentale, il a presque éthiquement encouragé l'expérimentation chez les animaux. Et si le sacrifice des animaux est parfois nécessaire, il est souvent abusif.

Toutefois, il n'a pas non plus rendu service aux sciences de la psychologie en disant que c'était quelque chose que l'on ne pouvait pas observer, qui n'était pas palpable, pas mesurable. Alors que, maintenant, avec les neurosciences, on se rend compte que, quand vous parlez, si vous élaborez, c'est une partie antérieure de votre aire cingulaire qui se met à consommer de l'énergie ; ce n'est pas le lobe temporal, où convergent plutôt les efforts de parole.

C'est-à-dire que le fait d'élaborer est lié à l'émotion, c'est-à-dire au corps. Si vous dites : « J'imagine ce que je vais faire dimanche prochain, j'imagine ce que je vais dire – mais je ne le dis pas –, j'imagine ce que je vais bien pouvoir dire », c'est lié à l'émotion. « Ah, je vais lui expliquer, je vais trouver les mots. » Alors là, il y a le travail de la parole, de l'acte, de l'acte de parole. C'est un acte : je bouge la langue, je contracte mon diaphragme.

Donc là, comment fait-on pour rester cartésien ?

Je pense que le fait de parler, de faire un effort, modifie le cerveau. Et, une fois que l'outil relationnel est construit par l'acte, à ce moment-là, je me sers plus ou moins bien de cet outil.

Et là, peut-être que Descartes peut nous aider. Mais seulement une fois que l'outil est construit.

Le sportif, un héros sacrificiel

Après ces réflexions qui portent sur la convergence des approches de l'éthologie et de la neuropsychiatrie, on peut essayer d'adopter un autre point de vue, de nature idéologique et social.

Le sport est aussi une activité instrumentalisée idéologiquement. Pensons à l'usage qu'en ont fait les nazis. Mais aussi commercialement. L'activité sportive, dans sa dimension spectaculaire, peut être mise au service de desseins, ou de finalités au fond assez effrayantes ?

Oui. On a tous en tête ces images du stade de Berlin avec le porteur de la flamme courant au milieu de la foule. Nous sommes là dans le discours politique. On voit l'ordre, les hommes sont rangés, et un surhomme arrive. Il est beau, probablement blond. Je pense qu'il va grimper des marches, je pense qu'il va grimper vers le ciel et allumer une flamme, et que tout le monde va être ébloui.

Ce que vous m'invitez à dire me fait penser à un auteur. Il arrive, il monte les marches, les faisceaux de la lumière l'éclairent, les tambours roulent, les drapeaux claquent, je pleure : Brasillach. Cette image-là est un discours politique, c'est une image sémantisée.

D'autres images pourraient décrire un autre ordre : le Petit Père des peuples, à qui tout le monde envoyait des baisers. Ou, dans d'autres cultures, le roi, qu'il ne faut pas regarder, devant lequel il faut se prosterner.

Tous ces comportements sont des mises en scène proto-verbales, ce sont des discours politiques. Alors, pour ce qui est du sport, je pense qu'il est comme tous nos outils, forcément récupéré idéologiquement. C'est vrai pour le capitalisme. C'est vrai pour le Petit Père des peuples : beaucoup de sportifs devaient gagner des médailles pour prouver la supériorité de l'organisation sociale du marxisme-léninisme. C'est vrai pour d'autres fascismes qui devaient prouver la supériorité sociale des blonds dolichocéphales minces.

D'où le scandale moral de Jesse Owens, qui est entré dans le mythe, parce qu'il était beau, il était intelligent, il était « nègre », et il avait gagné. Au point de vue moral, c'est une belle fable.

Il existe des représentations, certes moins élaborées, dans le monde animal. Certains animaux ne sont déjà plus soumis à la seule perception. C'est-à-dire que, lorsqu'ils perçoivent, ils traitent, ils agencent, pour en faire une représentation. Ce n'est pas une représentation verbale, mais c'est déjà une représentation – d'odeurs, d'images. Ainsi, ils apprennent et se développent.

Alors, qu'en est-il de l'animal humain que nous sommes, avec l'arbitraire du signe ? Vous rendez-vous compte qu'avec quelques lettres de l'alphabet, avec quelques signes, nous pouvons écrire des tas de romans différents ? Nous faisons signe avec tout – avec nos vêtements, avec nos décorations, avec nos poils. Il y a les « poils d'extrême gauche », comme la barbe en son temps, et les « poils d'extrême droite », comme la moustache…

On sémantise tout. Alors pourquoi ne ferait-on pas signe aussi avec les événements sportifs ?

On le fait.

Les champions sportifs sont des modèles auxquels on s'identifie. Ce sont les nouveaux héros de notre temps. Cette identification à des figures qui s'affrontent sans s'étriper ou se faire la guerre est une bonne chose, mais, en même temps, ces héros sont comme déréalisés, car pris dans un monde spectaculaire, tel qu'analysé par Debord, par exemple…

Oui, bien sûr, et nous en sommes complices, parce que, s'ils font ce beau spectacle sportif, c'est pour nous plaire. Tout cela fait partie de l'entente capitaliste : ils gagnent de l'argent parce qu'ils nous plaisent. On paie notre place pour qu'ils nous plaisent.

Je pense que le héros est, par essence, lié à la violence. Dès qu'un groupe humain, un quartier, un village, a besoin d'un héros, ce héros qui le représente aura pour fonction de revaloriser le groupe, le quartier ou le village.

« Vous avez vu comme les blonds courent vite, alors que les Noirs ne courent pas vite ! » Ou le contraire. « Vous avez vu comme il est courageux ? Il appartient à ma religion, à ma race. Il est courageux comme nous nous sommes courageux. »

Le héros, finalement, nous représente, et il doit prendre des risques. Il doit risquer sa vie, il doit mettre en jeu, mettre en péril sa vie pour me, pour nous réparer.

Je pense que l'héroïsme est lié à la violence ou, plus précisément, est lié au sacrifice. Et je l'aimerai davantage encore quand il sera mort, car les seuls humains parfaits sont les êtres morts. Quand on est vivant, on est forcément imparfait. Alors, le héros, je vais le diviniser, je vais raconter à quel point il était beau et généreux. Il a intérêt à être mort parce que, s'il est vivant, un jour ou l'autre, il va me démentir.

L'héroïsme est lié au social, à la réparation narcissique, comme on dit dans nos théories. Et à la violence.

C'est la fonction psychosociale du héros.

Absolument. Je me souviens de ce match de hockey entre les Tchèques et les Russes après l'invasion de la Tchécoslovaquie par les Soviétiques, en 1968. Les Tchèques avaient battu la Russie. Ça a été une explosion de joie à Prague. Nous avons là le parfait exemple de la revanche symbolique, car les Tchèques avaient quand même été massacrés et asservis par l'armée russe.

Les hommes arrivent donc à symboliser et à se soumettre à quelque chose qui n'existe que dans la représentation, à quelque chose de complètement coupé du réel. On arrive à faire cela, nous les hommes. Parfois même jusqu'au délire.

Nous sommes là sur le plan collectif ou communautaire. Mais cela vaut-il aussi sur le plan individuel ?

Oui. Sauf que, sur le plan collectif, on dispose de beaucoup plus de récits. Sur le plan individuel, on a le corps-à-corps : j'ai besoin de vous voir, j'ai besoin de voir vos mimiques faciales, comment vous êtes habillé, comment vous hochez la tête quand vous parlez. Même quand on parle, quand on bavarde, il y a un corps-à-corps.

Alors que, lorsque l'on fait un récit collectif, on délire très facilement. Car le récit collectif peut être complètement coupé de la réalité. Dans le récit collectif, on se soumet à une représentation qui ne désigne plus rien du réel.

Une tragédie sociale

Le sport participe, d'une certaine manière, à ce que l'on pourrait appeler – même si le terme est un peu galvaudé – le processus de la socialisation. Dans quelle mesure, selon vous, le sport est-il une activité socialisante ?

On parle beaucoup du sport de haut niveau, et moi, j'aimerais parler du sport de bas niveau.

Nous allons y revenir, mais restons un instant sur la fonction socialisante du sport, qui est un élément essentiel. Le sport, à quelque niveau que l'on se situe, est aussi l'apprentissage de la défaite. Tout le monde ne gagne pas. C'est une grande et utile leçon.

On ne peut savoir qui on est que si l'on participe ou l'on assiste à des événements. Même le traumatisme nous identifie : je suis celui qui a eu telle tragédie dans sa vie, je suis celui qui a surmonté la tragédie, ou n'a pas surmonté la tragédie. Je ne peux savoir qui je suis que s'il y a des épreuves. Et s'il n'y a pas d'épreuves, je ne sais pas qui je suis.

D'où le goût que l'on a de se mettre à l'épreuve, ou d'assister à des épreuves pour en faire des mythes. Le sport a cette fonction de tragédie sociale, comme le théâtre grec. Le théâtre grec mettait en scène les problèmes de la cité, et les citoyens devaient y assister. Je crois même qu'ils n'avaient pas le droit de sortir du théâtre sans avoir parlé de la pièce. Ils devaient rester sur place pour commenter entre eux – fonction démocratique – les problèmes de la cité que les comédiens avaient *représentés*, au sens théâtral du terme.

Je crois que l'on peut dire cela du sport : il y a le vainqueur, le vaincu, le petit qui réalise un exploit en écrasant le vainqueur. Il y a là toute une scénographie de la condition humaine. On y assiste, et ensuite on commente, on parle. « Tu as vu, Jesse Owens à Berlin, un Noir qui est beau, qui est sympathique… »

Je pense que les sportifs ont cette fonction du théâtre grec.

On ne peut se contenter de dresser un tableau idyllique de l'affrontement sportif. Il y a aussi les corps meurtris. Pensons à la boxe. Faire de la boxe, à un certain niveau, présente des risques qui peuvent avoir des conséquences très graves, des traumatismes cérébraux, par exemple.

Il faut distinguer ici le plan médical, neurologique, et le plan social. L'histoire sociale de la boxe n'a pas débuté avec des gens du peuple, mais avec des aristocrates.

Pendant très longtemps, et encore aujourd'hui, les êtres humains se sont hiérarchisés. On a beaucoup de mal à militer pour la démocratie. Si on laisse faire la « nature » – un mot que j'emploie entre guillemets –, si on se laisse aller à nos pulsions, on va très vite retrouver des processus archaïques de socialisation : la loi du plus fort.

Les aristocrates étaient donc les plus forts, parce que c'étaient les seuls qui savaient se battre. Ils ont pris leurs titres, ils ont pris les terres par la bagarre, et ensuite ils ont imposé, racketté le peuple en lui demandant des impôts de façon à pouvoir payer une armée et une police, qui permettaient de les racketter encore plus. Il y a une histoire de racket qui fait qu'ils sont devenus forts.

Ils ont aussi fait la beauté de notre culture, et de beaucoup d'autres cultures, en construisant des châteaux, en finançant des musiciens. Grâce à eux, on a des œuvres d'art magnifiques. Les aristocrates ont embelli toute notre culture, et beaucoup de cultures, par la violence, en imposant leur loi.

On comprend mieux pourquoi les aristocrates ont été les premiers à pratiquer des sports de combat. Il n'y a pas si longtemps, les gosses de riches, d'aristocrates, apprenaient à se battre en duel et apprenaient la boxe française. C'était un signe de bonne éducation. Une ou deux générations en arrière, on pensait qu'un homme ne traverserait pas la vie sans avoir à connaître deux guerres et quatre ou cinq bagarres de rue.

Un homme, un vrai, devait savoir se battre. Il n'y a donc rien d'étonnant à ce que les aristocrates aient été les premiers à faire de la boxe. Et puis, très rapidement, ils ont trouvé certainement que c'était plus avantageux d'utiliser des pauvres gars qui, eux, acceptaient de se matraquer pour gagner un peu de monnaie.

Je l'ai vu quand j'étais au lycée à Paris. Il y avait des baraques foraines : « Avec qui voulez-vous lutter ? » Il y avait des gros, des petits, des maigres, qui se présentaient. Et puis on lançait le gant, et quelqu'un levait la main. Et, la plupart du temps, il ramassait une fessée. Mais, parfois, il gagnait et repartait avec l'équivalent d'un billet de dix ou vingt euros. Voilà pour le plan social lié aux rapports humains archaïques.

Sur le plan neurologique, un boxeur KO a son cerveau qui a cogné contre la boîte crânienne, et cela a provoqué un bleu. Quand le bleu se résorbe, ça fait un trou, un trou dans son cerveau. Donc on rit. On a assisté à un beau spectacle. On commente. On a assisté à une scène de théâtre grec. Mais le boxeur a tout de même un trou dans le cerveau ! Il y a beaucoup de boxeurs parkinsoniens.

D'autres sports se paient très cher : la sténose du canal cervical a été découverte grâce aux piliers de rugby par mon maître et ami José Aboulker, qui voyait arriver le lundi matin à la Pitié Salpêtrière des piliers de rugby qui avaient une paraparésie, c'est-à-dire un début de paraplégie, qui disparaissait en trois ou quatre jours. Et les types revenaient le lundi d'après avec les mêmes symptômes. Ce n'était pas normal que les gars ne soient paralysés que le lundi et pas les autres jours de la semaine ! En fait, les coups d'entrée en mêlée faisaient gonfler la moelle épinière, et, s'ils avaient un petit canal médullaire, ça faisait une compression. Lorsque l'œdème se résorbait, la compression n'existait plus, et les gars se remettaient à s'entraîner. C'est comme ça que José Aboulker a fait cette belle découverte, qui est utile aujourd'hui à beaucoup de gens, y compris les non-rugbymen.

Nous pourrions appliquer le même raisonnement aux grandes écoles. Les jeunes qui préparent les grandes écoles travaillent dix-huit heures par jour, ils stressent, ils sont fiers, ils sont heureux, ils réalisent des performances intellectuelles – tout comme les sportifs réalisent des performances physiques. Il n'y a pas de doute : la performance, ils l'ont faite.

Beaucoup le paient très cher sur le plan humain, parce qu'ils se sont coupés des autres, ils ont habité un monde de représentation, et le jour où ils arrivent à un poste à responsabilités – qu'ils n'ont pas volé –, ils ne savent pas dire bonjour, ils ne savent pas établir de relations humaines, ils n'ont pas appris les fêtes au village, ils n'ont pas appris les rituels d'interactions quotidiennes, tout comme les sportifs n'ont pas appris la bêtise que constitue un combat de boxe.

Je pense que l'on demande à nos jeunes intellectuels de réaliser une performance dont le coût est élevé. Beaucoup dépriment, même après une réussite, après un concours. On compte un grand nombre de dépressions après le succès.

Il en va de même pour les sportifs de haut niveau. Il y a une plongée en dépression après les médailles, après la réussite. On ne ressort pas impunément d'une intensité émotionnelle de cette nature.

Parfois, on paie cher ses succès.

De la résilience

Il y a les sportifs de haut niveau, ceux dont nous venons de parler, ceux qui occupent le devant de la scène. Mais il y a aussi tous les autres, qui font du sport autrement. Tous les sportifs de petit *niveau, ceux qui ne cherchent pas à être champions, qui ne cherchent pas la performance pour la performance, qui cherchent plutôt à se divertir, à s'exprimer, à s'accomplir dans une activité physique…*

Dans le sport de petit niveau, on a une relation qui est plus intime et plus intense que dans le sport de haut niveau.

Dans le sport de haut niveau, on a le spectacle, souvent stupéfiant, admirable, comme les virtuoses du violon. Mais ce n'est pas donné à tout le monde.

Ou alors il faudrait s'y consacrer entièrement. Et quand bien même, je ne suis pas sûr…

Alors que dans le sport de bas niveau – j'aime bien provoquer un peu en disant sport de « bas » niveau –, on a une relation qui est intense, on est obligé de se parler, on est obligé de s'inviter à déjeuner ou à dîner ensuite. Quand je jouais au rugby, on allait au restaurant avec les adversaires après le match. Les jeunes sportifs ont aujourd'hui une hygiène alimentaire que nous n'avions pas.

Tout cet aspect relationnel disparaît presque dans le sport de haut niveau. Alors que le sport de bas niveau implique le rendez-vous, la parole, le restaurant, l'amitié, le conflit, la vie. C'est un rituel d'interaction qui participe à la culture, alors que le sport de haut niveau participe du spectacle. Souvent impressionnant, mais c'est avant tout un spectacle.

On a peut-être tendance à oublier que l'essentiel des sportifs en France, en nombre de pratiquants, est constitué par les sportifs de petit ou de bas niveau, alors que l'on parle majoritairement, dans les médias, des sportifs de haut niveau, voire de très haut niveau.

Les sportifs de très haut niveau ont un tel effet spectacle qu'ils induisent souvent une industrie, et que les consommateurs de cette industrie sont les sportifs de petit niveau, qui achètent les mêmes chaussures que leurs idoles en espérant gagner et courir plus vite… C'est un enchaînement commercial parfaitement organisé autour du spectacle.

Mais moi, ce qui m'intéresse dans le sport de petit niveau, c'est le plaisir, l'hygiène, l'hygiène physique, la stimulation cérébrale, la stimulation amicale, les aspects rituels, sociaux. Il y a des tas de villes qui font des matchs de très mauvais niveau, mais la fête au village est immense !

Ce sport de bas niveau permet l'expression de soi tout en étant un élément d'intégration sociale, comme peut l'être le handisport pour les personnes handicapées.

Oui, il m'arrive de rencontrer des sportifs handicapés, et je suis toujours charmé par l'importance qu'ils accordent au sport et par le bonheur que leur apporte le sport.

Le handicap est une blessure physique, souvent, mais c'est aussi une blessure mentale et sociale.

Or cette blessure physique peut être réparée par un match de basket en fauteuil. On aurait tendance à considérer que la performance est moyenne. On se trompe. Non seulement la performance est énorme, mais ils obtiennent surtout une réparation narcissique, au bon sens du terme.

« Je ne suis pas si handicapé que vous le croyez ; la preuve, c'est que je peux me déplacer, je peux faire un sport comme vous, je peux courir, je peux vivre comme vous. Donc je ne suis pas si aliéné que vous l'aviez cru. Le handicap, je l'ai, mais je le surmonte en partie, je le métamorphose, j'en fais quelque chose, je suis capable de faire un match de basket ou une course, malgré mon handicap. »

Donc, physiquement et mentalement, ils y accordent une importance énorme, ce qui est tout à fait respectable, parce que cela leur permet de reprendre vie sous une autre forme.

On est au plus près d'un concept que vous avez participé à former et à diffuser, celui de « résilience ».

Comment peut-on penser la résilience dans le cadre du sport et du handicap ?

Vous avez eu l'occasion de rencontrer Philippe Croizon, amputé des quatre membres. C'est un magnifique exemple de réussite sportive et de résilience.

Son exemple va même au-delà de la résilience, parce qu'il concède que, avant son accident, il était un homme plus difficile à vivre qu'aujourd'hui.

Il a perdu ses quatre membres. Il a été très malheureux, et il a déprimé. C'est la réaction normale, après une tragédie pareille. Et à ce moment-là, il a décidé de ne pas se soumettre à cette terrible blessure.

Mais il y avait en lui un attachement confiant, grâce à sa mère. C'est ce qu'il m'a confié, en présence de celle-ci, qui avait le sourire jusqu'aux oreilles. Avant l'accident, il avait confiance en lui. C'est cette confiance en lui qui l'a poussé à chercher autour ce qui l'aiderait à se remettre à vivre, malgré l'accident, avec l'accident.

Et à ce moment-là, il a eu une idée, une idée folle : « Il faut que je me mette à nager ! » Il n'avait jamais nagé avant. « Il faut que je m'entraîne, pour réaliser un exploit. » Il a dû commencer par rêver, puis par penser cette idée folle, et enfin il a trouvé le soutien affectif et l'institution pour tenter de la réaliser. Et il l'a réalisée.

Cette victoire sur lui-même est un exemple de résilience, mais surtout une exemplarité pour beaucoup d'enfants qui vivent la même tragédie, ou une tragédie analogue, ou comparable. Ils savent à présent que, si l'on cherche en soi, et autour de soi, un moyen de se remettre à vivre – pas comme avant, mais à vivre bien quand même, dans d'autres circonstances –, on peut arriver à surmonter cette tragédie. Cela encouragera bien des malheureux.

Nous sommes loin de l'exhibition des atrophies ou des handicaps dans les baraques foraines d'antan. Le handicap devient une sorte de gageure.

La définition de la résilience, c'est la métamorphose du trauma. Le trauma, on l'a reçu, mais on ne s'y soumet pas. On en fait une performance, qui sert de modèle à d'autres blessés.

En tant que psychothérapeute, vous devez, mieux que personne, mesurer l'importance du sport à cet égard, par la manière à la fois de s'éprouver, de se mettre à l'épreuve, de projeter l'épreuve, et de l'offrir, d'une certaine façon, en participation. C'est un acte symbolique très fort.

Oui, bien sûr, il y a la valeur symbolique. Mais c'est aussi une transaction constante, parce que les blessures physiques ne sont pas les mêmes pour tous. L'état avant la blessure n'est pas le même pour tous, et surtout le soutien après la blessure n'est pas le même pour tous. Mais on peut agir sur plusieurs niveaux : physiquement, mentalement, affectivement, socialement et politiquement.

Si l'on arrive à démontrer que, lorsque l'on s'occupe de ces hommes, qu'on leur permet de reprendre une autre vie, humaine, avec dignité et fierté, il faut que cela soit accompagné d'une décision politique pour organiser les institutions qui leur permettront de faire de réels efforts physiques, mentaux et relationnels.

On doit avoir un raisonnement systémique : ce n'est plus une cause qui provoque un effet, ce n'est pas un Philippe Croizon qui est un surhomme. Il n'est pas un surhomme – pas du tout, même, et il le sait bien. Et s'il a retrouvé le bonheur de vivre tout en le payant de souffrances physiques, s'il s'entraîne très dur, avec bien sûr des moments de découragement, s'il obtient des victoires, des moments de grâce, qu'il offre à d'autres blessés, c'est dû et à son courage, et au soutien qu'il a reçu des institutions.

Quelle école, quel dopage ?

Le sport est un objet d'apprentissage, de réflexion et d'étude, qui a aujourd'hui toute sa dignité – ce qui n'était pas le cas il y a encore quelques dizaines d'années. Être bon en gymnastique n'était pas la marque du bon élève. Les choses ont incontestablement changé, mais la place qui est aujourd'hui faite dans l'enseignement scolaire à l'éducation physique et sportive vous paraît-elle satisfaisante ? Par exemple, par rapport aux matières purement théoriques.

Vous me donnez la responsabilité du ministre de l'Éducation !

Presque.

Les neurosciences confirment l'hypothèse selon laquelle le sport améliore l'outil cérébral, pourvu qu'il serve à établir une relation.

On retrouve aussi cette idée du sport en tant que marqueur culturel.

Aux États-Unis, quelqu'un qui fait une bonne performance de sport est aidé pour entrer dans une université, même si l'université est très chère. Si c'est un bon sportif, il va y entrer, on va l'aider, il touchera une bourse – qu'il remboursera. Cela fait partie de l'idéologie américaine de la réussite, que l'on peut critiquer par ailleurs.

Chez nous, le mot « réussite » est connoté. « Ce n'est pas bien de réussir. » La réussite est souvent suspectée d'une exploitation d'autrui, comme cela a été le cas à l'origine des sociétés.

Au risque de choquer les enseignants, je dirais que l'épanouissement par le sport et par l'art devrait se faire en dehors de l'école. C'est-à-dire qu'il devrait y avoir une institution scolaire et parascolaire, comme je l'ai vu en Colombie et dans bien d'autres pays sud-américains, où les enfants sont emmenés hors de l'école pour faire de la musique – des orchestres, par exemple, dans les bidonvilles.

Le sport et la musique sont les deux grands facteurs d'anti-délinquance. Quand les anciens gouvernements avaient un raisonnement « une cause, un effet », une cause – ils sont délinquants –, un effet – j'envoie la police –, la fierté de ces gosses, des garçons surtout, c'était d'affronter la police. « Tu as vu comme j'ai tenu tête ? » C'était leur seule fierté.

Depuis les deux derniers gouvernements colombiens, la politique a changé. Ils font entrer les danseurs, les guitaristes et les sportifs dans les quartiers pauvres. Aucun enfant ne résiste à un guitariste ou à un footballeur. Aucun. Et le résultat, c'est qu'ils ont réussi à « pacifier » un grand nombre de quartiers pauvres. Les enfants vont à l'école dans les bidonvilles, parce qu'ils ont compris qu'ils y rencontreront le danseur, le guitariste, le sportif qui les emmènera hors de l'école pour faire des spectacles de danse, des matchs de football – plus ou moins réussis sur des terrains inclinés, comme c'est souvent le cas en Colombie. Mais peu importe. Ils jouent, ils se rencontrent, ils réalisent des performances, ils crient.

Le sport est là un facteur de réparation de leur dignité, une occasion de rencontres. On va à l'école pour apprendre, et pour rencontrer un guitariste ou un footballeur.

Peut-être faut-il ouvrir un peu l'école, lieu plutôt fermé depuis les Grecs.

La pratique sportive se caractérise par deux grandes tendances, deux grandes « valeurs » : d'un côté la recherche de la performance du sport de haut niveau, et de l'autre des pratiques moins compétitives, plutôt tournées vers l'accomplissement de soi.

Le dépassement de soi, en tant que véritable injonction, distillée par le spectacle sportif médiatisé, ne participe-t-il pas à faire de nos sociétés des sociétés peu apaisées ?

Effectivement, nous ne sommes pas vraiment dans des sociétés apaisées, précisément à cause de l'expression « dépassement » opposée à l'expression « accomplissement ». Et cette nécessité du dépassement de soi explique les substances que l'on prend pour dépasser son corps, ses possibilités, pour aller au-delà des limites.

Les sportifs sont punis pour cela, lorsqu'ils sont pris, alors que les étudiants en médecine, chargés d'amphétamines, voient leurs diplômes validés. On ne fait pas de test urinaire après les concours de médecine. Le Corydrane, un dérivé du Maxiton, était en vente libre à l'heure de mes études. La plupart des étudiants en médecine, y compris votre serviteur, prenaient du Corydrane pour améliorer leurs performances.

Si la performance se fait en un match, si la sélection pour une grande école se fait en une matinée, je ne vois pas pourquoi on se priverait de cette aide chimique, que l'on paie cher, qui fausse tout, qui est une triche, mais qui est une réponse adaptée à l'ensemble de notre système culturel, scolaire et sportif compris.

En revanche, si la sélection se fait, comme de plus en plus de pays le font, sur toute une vie – « Tous les jours, au travail, tu devras montrer tes compétences dans chaque relation, tu devras montrer tes compétences dans chaque match de football… » –, alors, ce n'est pas sur *un* jour, ce n'est pas sur *un* match, c'est tout le plaisir d'une vie.

Si tel était le cas, nous aurions sans doute beaucoup moins recours à la drogue.

De la violence

Abordons à présent la question des rapports du sport et de la violence.

Vous aimez rappeler – ce que montre l'anthropologie d'une manière générale – que les sociétés se constituent contre *la violence. C'est une thématique présente dans toute notre tradition intellectuelle, de Platon à René Girard, en passant par Freud et quelques autres.*

Comment pensez-vous le sport dans son rapport à la violence ?

C'est dans le crime que se constitue la société, disait Freud. Nos sociétés humaines se sont constituées dans une extrême violence, car la violence était une valeur adaptative. On n'admirait que les hommes violents. Les femmes, les mères, n'admiraient que les hommes violents. Et, encore aujourd'hui, dans les pays en destruction, en reconstruction, ou en guerre, les femmes admirent les hommes violents et méprisent un homme qui n'aurait pas le courage d'aller se battre. La violence a donc eu une fonction créatrice.

Quand la société est constituée, la violence n'est que destructrice. Elle est destructrice du couple, destructrice du groupe social, du quartier, et bien sûr destructrice de la nation, des pays.

Cela signifie que la violence est une valeur adaptative si le contexte est violent. La violence est une valeur de destruction si le contexte est en paix.

Rapporté au contexte sportif, dans le cadre d'une seule performance, en un jour, ou en une heure, cela génère immanquablement une violence individuelle, avec toute la difficulté à maîtriser ses pulsions.

Beaucoup d'entraîneurs, au rugby notamment, encouragent et valorisent cette violence qui, si elle n'est pas maîtrisée, provoque la sanction. Cela rend la tâche difficile à beaucoup de sportifs, qui ont appris à être violents, et s'ils balancent leur sac à la tête d'un spectateur ou d'un entraîneur, ils perdent leur poste, alors que le même entraîneur les avait encouragés à la violence. La violence est ambivalente.

En revanche, il y a une autre forme de violence, c'est la violence des médias. Quand une foule est violente, c'est parce qu'elle érotise la violence. Ce n'est pas du tout la même fonction. Dans le premier cas, il y a une performance qui nous entraîne, et on a perdu le contrôle de soi. Alors que dans la violence des médias, on va assister à un match de football pour être violent ; c'est-à-dire qu'on attend l'occasion de déclencher le plaisir de la violence. Il y a une euphorie, un érotisme de la violence.

Certains individus désirent le stress, la peur qui va les euphoriser pendant une semaine ou deux après avoir commis des actes d'une stupidité et d'une violence incroyables. Il s'agit là probablement d'une réaction adaptative, au sens darwinien du terme, à une société de la routine.

Beaucoup d'entre nous se plaisent dans la routine, parce que c'est là que nous réalisons de vraies performances durables, et non celle d'un jour ou d'une heure. C'est la performance durable, répétée. La routine encourage ces performances durables : si on travaille tous les jours régulièrement, on finit par être bon. On ne nous demande pas d'être bons en une matinée, mais tous les jours.

Or ces hommes-là, souvent, meurent précisément de la routine. Ce sont généralement des personnes qui rencontrent quelques difficultés à jouir. Ils ont besoin d'un haut niveau de stimulation pour éprouver un tant soit peu le sentiment d'existence. Alors que d'autres, dans la routine, éprouvent le simple plaisir d'écrire ou de boire un café.

Vous parliez de la tragédie grecque, de l'identification au héros. Il y a l'effet de catharsis, de purgation ou de purification des passions.

Dans le sport, l'effet cathartique peut avoir des ratés catastrophiques. Pensons au drame du Heysel, en 1985, qui a fait trente-neuf morts.

Personnellement, je ne suis pas très à l'aise avec ce mot de « catharsis », qui sonne comme une métaphore de la purge – comme si l'on se sentait mieux après la purge…

Avant tout, je le répète, je pense que l'on ne sait pas qui on est si on ne se met pas à l'épreuve, ou si la vie ne nous a pas mis à l'épreuve. Et je crois que toutes les cultures ont inventé des épreuves : les épreuves d'accueil, les épreuves d'initiation, le sport de village, où l'on se donnait rendez-vous pour se mettre à l'épreuve. « Avec qui voulez-vous lutter ? Je vais me prouver que je suis courageux. J'ai peur, je vais monter sur le ring en souriant, pour faire croire que je n'ai pas peur, et après je serai fier de moi. J'ai surmonté ma peur. »

Je pense que notre culture a probablement dévalué tous ces mécanismes d'initiation… Ce qui nous a conduits à concevoir des initiations bien plus tragiques : c'est le baccalauréat, alors que l'on avait des scénarios d'initiation qui duraient un jour ou deux. Maintenant, le bac, ça dure deux ans. Alors ça, pour développer l'angoisse, c'est parfait !

Alors que l'initiation était une épreuve qui euphorisait, et qui ensuite permettait de prendre sa place dans la culture, le bac, c'est du stress pendant deux ou trois ans, sans pour autant permettre de prendre sa place dans la culture.

Mais lorsque des manifestations instituées ont pour finalité de canaliser les affects, et que cette canalisation échoue, cela peut produire l'effet inverse, et de manière extrêmement spectaculaire et déchaînée.

Les stades sont des lieux d'affrontements et d'explosions de violence, comme s'il y avait là non pas une purgation – vous n'aimez pas le terme –, mais au contraire une amplification. La violence devient presque addictive.

Absolument, c'est une forme d'addiction. Certaines violences provoquent une addiction à la violence. La peur suivie d'euphorie. Beaucoup de ceux qui commettent des hold-up disent qu'ils sont étonnés, après le hold-up, de voir à quel point ils sont euphorisés nuit et jour.

On a besoin de stimulations intenses. Et les stades ont toujours été le lieu de la violence.

Chez les Romains, il y avait des courses avec des chars qui se renversaient, des combats de gladiateurs… C'était le spectacle de la violence. C'était déjà mis en scène, et cela remplissait une fonction.

Or une culture qui veut tout sécuriser finit par engourdir les individus. Et les jeunes, qui ont besoin de savoir qui ils sont, doivent alors s'inventer des rituels bien plus cruels et bien plus stupides que ceux que la culture pourrait leur proposer.

Lors d'un rituel acculturé, on invite le jeune : « Tu as été plus fort que la mort, tu as triomphé du lion, tu as triomphé de cette épreuve, tu es un homme. Viens ! Maintenant, on va t'écouter. Parle ! Ta parole sera celle d'un jeune adulte. »

Ce n'est pas du tout ce que fait notre culture. Dans notre culture, il ne faut prendre aucun risque, il faut tout sécuriser. Le résultat, c'est que l'on engourdit nos jeunes.

Et cet engourdissement de la jeunesse qui aime la vie la conduit à s'inventer des rituels absurdes, tels la prise de drogues et autres bagarres lors des matchs de football.

Mais le phénomène n'est pas nouveau. Les stades ont toujours été des lieux de violence ou de canalisation de la violence, ainsi que nous l'avons vu à propos de l'imagerie nazie, avec cette canalisation verrouillée : les hommes d'un côté, les femmes de l'autre, la hiérarchie, les oriflammes… Tout était verrouillé, il n'y avait qu'un seul discours possible, celui du chef.

Inégalités et catégories

N'y a-t-il d'éducation qu'à travers la comparaison ? Le sport, pris dans cette perspective, ne risque-t-il pas d'être un facteur d'inégalités, d'entretenir l'inégalité ?

Si l'on fait de la compétition la valeur suprême, il est bien évident que l'on fabrique des héros. C'est la fabrique des héros biologiques, d'une qualité physique stupéfiante, qu'ils paient, mais qui nous représentent.

Et bien sûr, c'est aussi la fabrique de l'inégalité. Mais nos écoles aussi sont la fabrique de l'inégalité. Les grandes écoles, c'est la fabrique des grandes inégalités ! Et les petites écoles, c'est la fabrique aussi des inégalités, c'est la reproduction. On peut prédire les résultats scolaires d'un enfant en connaissant le portefeuille de ses parents. Donc on a aussi la reproduction des inégalités.

Alors on tient un discours lénifiant : on va lutter contre les inégalités, mais quand j'ai fait mes études de médecine, il y avait à peu près 11 % ou 12 % d'enfants de pauvres parmi les étudiants en médecine. Aujourd'hui, on est à 1 %, malgré des bourses, malgré les encouragements, malgré les discours tout à fait gentils, mais fortement coupés de la réalité.

Le sport ne favorise-t-il pas les inégalités en catégorisant les individus ? Catégories sexuelles, catégories de poids, de taille... Est-ce que l'on n'institue pas là de nouvelles discriminations, un nouveau système d'inégalités, sous prétexte de compenser précisément ces inégalités ?

Je pense que l'inégalité fait partie du processus du vivant. On la retrouve chez les animaux, et la transmission des inégalités à travers les générations se retrouve aussi chez les animaux – chez les goélands, chez les grands singes...

Une femelle devient dominante parce qu'elle a été sécurisée, parce qu'elle a remporté quelques victoires de compétition, parce qu'elle a réussi à intimider des mâles. Tout cela fait partie du vivant et se transmet à travers les générations. Quand les petits ont une mère dominante, ils ont une forte probabilité d'être dominants, parce qu'ils sont sécurisés et dynamisés.

Il en est de même pour nos enfants. Si maman, papa sont sécurisants et dynamisants, parce qu'ils n'ont pas de soucis sociaux, parce qu'ils habitent dans un quartier où l'on dort bien, où l'on n'est pas trop loin de l'école ou de l'université, les enfants auront des réussites intellectuelles bien supérieures à ceux qui doivent faire deux heures de voiture ou de métro tous les matins, et à ceux qui vont se coucher tard parce que la télévision va marcher jusqu'à 1 heure du matin.

Voilà, l'inégalité fait partie du vivant. Mais on peut combattre cette inégalité… pour laquelle on est ambivalent. On milite pour l'égalité, mais on admire les héros, on admire tous ceux qui réalisent des performances intellectuelles ou physiques. On les admire même si l'on milite contre l'inégalité.

Je pense qu'il y a un moyen de militer contre l'inégalité. C'est de créer des passerelles : un jeune peut très bien être médaille d'or d'un sport à l'âge de 18 ans, quand un autre sera médaille d'or d'une grande école à l'âge de 25 ans, mais à condition – comme le font les Américains, et comme le faisaient les Russes communistes avant l'effondrement du mur – qu'il y ait des possibilités de rattrapage tout au long de la vie. Car faire une mauvaise performance à l'âge de la sélection, vers 18-20 ans, n'empêche pas de faire une excellente performance à 25, 30, 40 ou 50 ans.

Dans l'université dite du « troisième âge », j'ai des étudiants âgés, qui ont pris leur retraite. Ils ont une mémoire beaucoup moins vive que celle des jeunes, et cependant leurs résultats scolaires sont bien meilleurs parce qu'ils sont mieux organisés, ils font attention, ils alternent effort et confort…

La problématique des catégories est pour le moins confuse et ambiguë : on essaie de compenser un handicap avec des prothèses qui permettent au handicapé de courir contre des valides, pourvu qu'il ne coure pas plus vite qu'eux, auquel cas il serait exclu de la compétition. Cela devient rapidement inextricable, comme l'a montré aussi le cas de Caster Semenya, une jeune coureuse de 800 mètres, qui ne trouvait place dans aucune catégorie sexuelle prédéterminée.

Quand on commence à penser, on a besoin de catégories binaires, parce que c'est la pensée facile, c'est la pensée paresseuse : tout ce qui n'est pas grand est petit, tout ce qui n'est pas gros est maigre, tout ce qui n'est pas homme est femme. Et, en vieillissant, on prend un peu d'expérience, et on découvre que l'on peut être plus ou moins grand, plus ou moins gros, plus ou moins homme, et plus ou moins femme.

Or il y a différents types de constitutions « naturelles » qui montrent que certaines femelles – c'est volontairement que je dis « femelles » – ont, au-dessus des reins, des glandes surrénales qui sécrètent de la testostérone. Certaines sécrètent plus de testostérone que le taux moyen des femelles. Elles ont donc des deltoïdes énormes, une grosse mâchoire, un comportement modifié, et elles réalisent des performances sportives excellentes. Chromosomiquement, ce sont des femmes ; sexuellement, génitalement, ce sont des femmes ; hormonalement, ce sont des hommes.

Qu'est-ce que l'on fait ? Alors, là, les catégories sont nécessaires *et* abusives.

Les catégories sont nécessaires, parce qu'elles nous aident à penser au moyen d'un artifice binaire : ce qui n'est pas homme est femme. Tranquille. Et puis, dans la réalité, on est plus ou moins homme, plus ou moins femme.

Si l'on voulait vraiment être juste, il n'y aurait qu'une seule catégorie : la performance. Et dans ce cas, il n'y aurait pas beaucoup de femmes aux jeux Olympiques. Donc on est obligé de faire des catégories, sachant que ces catégories sont abusives.

L'EMPATHIE ET LA MORALE

Si on se place au plan de la morale – morale au sens général du terme –, il y a une morale sportive que l'on met assez facilement en scène, et dont on vante les mérites. Est-ce que cette morale sportive a pour vous vocation à être une sorte de morale universelle ? Le sport incarne-t-il, exemplairement, des valeurs partageables par tous ? Parce que n'étant l'apanage d'aucune civilisation particulière…

Cette question se pose, et il m'est difficile d'y répondre. Je suis mal à l'aise avec le concept de « morale ».

J'ai été psychothérapeute pendant presque quarante ans, et je soutiens que les grands pervers sont tous des moralisateurs. À commencer par Sade. Justine, c'était un cours de morale.

Quand j'étais gamin, j'avais volé *Les Cent Vingt Journées de Sodome*, croyant qu'il s'agissait d'un livre érotique. Alors que ce n'est qu'un livre d'économie politique très ennuyeux. Autre exemple : Sacher-Masoch, reçu à Paris à la Sorbonne, a fini comme professeur de morale. J'ai par ailleurs eu à accompagner ou à expertiser des grands pervers sexuels, qui tous étaient des moralisateurs. Tous démoralisateurs. Voilà ce que je voulais dire : je suis mal à l'aise avec ce concept.

Je préfère le concept d'empathie. Dans l'empathie, je me représente le monde des autres, et, même sans loi, je ne peux pas tout me permettre. Quelque chose se freine en moi.

Dans le sport, il faut un arbitre pour freiner, il faut une sanction pour freiner. Il faut un règlement. C'est le règlement qui freine, ce n'est pas le sujet ; le sujet, lui, va le plus loin qu'il peut, et c'est la loi, la force extérieure, qui le freine. Alors que, dans l'empathie, c'est moi qui me freine.

Je pense que l'empathie est plus morale que le sport.

Mais la morale ne se réduit pas au moralisme. Je parlais de la morale au sens propre du terme, en tant qu'elle concerne les mœurs, les manières de vivre et d'être. Ce n'est pas simplement la morale au sens kantien du terme, avec des commandements et des impératifs.

Alors, ce sont les mœurs, les rituels, donc c'est plus proche de l'empathie que de la loi.

Pour terminer, que vous inspire la devise olympique : Citius, Altius, Fortius *?*

Elle m'inspire *Fortunus*, plus de monnaie !

Mais aussi de la chance, si la fortune a quelque chose à voir avec la chance.

Oui, ce peut être une chance. Le sport est une chance.

C'est une chance pour l'individu. Le plaisir d'utiliser son corps, de se sentir bien, le plaisir de réaliser des performances, le plaisir de rencontrer, le plaisir aussi d'entrer en compétition. C'est pour cela que j'aime beaucoup le sport de petit niveau, parce que, lui, il socialise. Lui, il moralise. Cela n'empêche pas la compétition, mais, après la compétition, même si on a perdu, on ira au restaurant ensemble. C'est-à-dire qu'on parlera, on établira une relation humaine, on fera une épopée de son combat, de sa course à pied : on en fera une production humaine.

Alors si c'est cela la morale du sport : d'accord, je vote.

Mais il n'en est pas toujours ainsi, car je pense que ce n'est pas le sport qui est source de morale ou d'anneaux olympiques, mais la signification qu'on lui donne. S'il s'agit d'apprendre à être ensemble et à mieux être, vive le sport ! En revanche, si la signification dont on l'investit, c'est « je suis plus fort que vous, je vous domine parce que mon pays a une idéologie supérieure à la vôtre », malheur au sport !

Table des matières

MIXTE
Papier issu de sources responsables
FSC® C003309
FSC
www.fsc.org

Cet ouvrage a été achevé d'imprimer en février 2020
dans les ateliers de Normandie Roto Impression s.a.s.
61250 Lonrai
N° d'impression : 2000759

Imprimé en France